FREI ZECA

SEGURA NA MÃO DE DEUS

*Salmos e mensagens
para sua oração diária*

EDITORA SANTUÁRIO

SANTUÁRIO

DIREÇÃO EDITORIAL:
Pe. Fábio Evaristo R. Silva, C.Ss.R.

CONSELHO EDITORIAL:
Ferdinando Mancilio, C.Ss.R.
Gilberto Paiva, C.Ss.R.
José Uilson Inácio Soares Júnior, C.Ss.R.
Marcelo da Rosa Magalhães, C.Ss.R.
Mauro Vilela, C.Ss.R.
Victor Hugo Lapenta, C.Ss.R.

COORDENAÇÃO EDITORIAL:
Ana Lúcia de Castro Leite

COPIDESQUE:
Bruna Vieira da Silva

REVISÃO:
Sofia Machado

DIAGRAMAÇÃO:
Bruno Olivoto

Dados Internacionais de Catalogação na Publicação (CIP) de acordo com ISBD

F862s	Frei Zeca
	Segura na mão de Deus: salmos e mensagens para sua oração diária / Frei Zeca. - Aparecida, SP : Editora Santuário, 2020.
	104 p. ; 12,5cm x 18cm.
	Inclui índice. ISBN: 978-85-369-0615-7
	1. Cristianismo. 2. Oração. 3. Salmos. 4. Mensagens. I. Título.
2019-1977	CDD 248.32 CDU 248.143

Elaborado por Vagner Rodolfo da Silva - CRB-8/9410

Índice para catálogo sistemático:
1. Cristianismo : Oração 248.32
2. Cristianismo : Oração 248.143

1ª impressão

Todos os direitos reservados à **EDITORA SANTUÁRIO** – 2020

Rua Pe. Claro Monteiro, 342 – 12570-000 – Aparecida-SP
Tel.: 12 3104-2000 – Televendas: 0800 - 16 00 04
www.editorasantuario.com.br
vendas@editorasantuario.com.br

Dedico este livro especialmente a você, que procura viver não somente de pão, mas também da Palavra de Deus. A você, que busca uma palavra que toque seu coração e que motive sua oração diária como encontro íntimo e vivo com aquele que pode transformar a Vida em ORA-AÇÃO: um jeito de viver em que a ação se torna iluminada e impulsionada pela prece. Espero que, na simplicidade de sua prece, sua alma e seu coração sejam inundados por uma grande paz, e que essa paz seja o melhor fruto que você possa partilhar com todos os seus irmãos.

AMIGO LEITOR

A graça de Deus me impulsionou a escrever este livro, que agora chega a suas mãos. É um livro um tanto diferente dos demais que, até o momento, pude publicar. É diferente quanto ao tema e quanto à fonte da qual lancei mãos para escrevê-lo, embora busque realizar o mesmo objetivo: oferecer uma mensagem forte que o faça mergulhar em Deus e sentir-se mergulhado NELE, em sua oração diária. Uma simples prece pode trazer muita paz!

Busquei na Palavra de Deus um salmo para cada dia do mês, seguido de uma reflexão ou uma mensagem que possa alimentar e motivar seu encontro íntimo e vivo com o Senhor, e ajudar a transformar sua vida em ORA-AÇÃO, de tal forma que essa seja como um salmo vivo para o louvor de Deus e um Dom partilhado com amor solidário em favor de seus irmãos.

Graça e paz, e meu abraço fraterno para você.

Com ternura,

Frei Zeca

LEMBRE-SE, MEU AMIGO

Quando se esgotarem as palavras e os recursos,
e todas as possibilidades humanas fracassarem;
quando todos a sua volta
lhe oferecerem só desesperança;
lembre-se: é a hora de Deus!
Confie no Senhor!
Procure o ombro dele, porque Ele é Pai!
Não tema! Siga adiante!
Segure na mão de Deus e vá!

1
UMA PRECE SEM PRESSA

Deus, Pai de amor!
É manhã de um novo dia, um milagre
que eu nem sabia se chegaria a viver.
Tudo é graça de teu amor criativo e inesgotável,
que restaura a vida e faz novas todas as coisas.
Assim como a noite que passou e deu lugar à luz,
eu compreendo que, dentro de nós,
há muitas coisas que também precisam passar:
medos, angústias, depressão, mágoas, ressentimentos,
dependências e marcas tristes do passado.
Ajuda-me, Senhor, a viver este novo dia,
com os ombros leves de todas essas coisas
e o coração disponível para as graças de hoje.
Sim, eu creio que tuas mãos de Pai amoroso
estão repletas de graças e incontáveis bênçãos
para mim e para todos os teus filhos e tuas filhas,
que pelo mistério da fé abrigam tua presença.
Que meu jeito de viver seja sereno,
mesmo se alguma dor vier me visitar.
Ainda que alguém não me compreenda
e derrube tudo o que edifiquei;
mesmo que meu amor não seja correspondido
e a solidão se avizinhe de mim;

que minha confiança permaneça firme,
e que eu possa experimentar a força de tua proteção.
Aceita, Senhor, esta minha prece sem pressa,
e dá-me tua paz, que chega como fruto bendito
para quem se abandona em tuas mãos.
Amém!

DEUS NOS OUVE E NOS RESPONDE

Senhor, como são numerosos meus opressores!
Muitos são os que se levantam contra mim.
Numerosos aqueles que dizem a meu respeito:
"Deus nunca vai salvá-lo".
Tu, porém, Senhor, és meu escudo que me protege,
és minha honra, aquele que me faz erguer a cabeça.
Em alta voz grito ao Senhor,
e ele me ouve e me responde.
Posso deitar-me, dormir e despertar,
pois é o Senhor quem me sustenta.
Não temo esta multidão de gente
que em cerco se coloca contra mim.
Levanta-te, Senhor! Salva-me, Deus meu!
De ti, Senhor, vem a salvação
e a bênção para teu povo.

(Do Salmo 3)

BEBENDO NA FONTE

Certamente você já ouviu
e, já algumas vezes, cantou esta canção:
"Se as águas do mar da vida quiserem te afogar,
segura na mão de Deus e vai..."
Muitas vezes, nossa vida se parece um mar revolto.
São ondas que nos assaltam de todos os lados:
ondas enormes de tristezas e preocupações,
de dificuldades e doenças,
de incompreensões e ingratidão
que arrebentam nossas esperanças.
É em momentos como esses
que percebemos como é bom ter fé.
Sentimo-nos fortes para resistir e prosseguir,
porque colocamos nossas mãos e nossa vida
nas mãos de Deus, e Ele nos sustenta.
Nele, e com Ele, sentimo-nos protegidos,
e descobrimos que as tormentas passam,
nossa fé se fortalece e o seu amor permanece.
É preciso segurar na mão de Deus para prosseguir!

PARA REFLETIR

"Tudo posso naquele que me fortalece" (Fl 4,13).

2
UMA PRECE DA CONFIANÇA

Meu Deus e Senhor!
Quando mergulho no mistério da paixão de Jesus,
na hora de seu grito de angústia e dor:
"Meu Deus, meu Deus, por que me abandonaste?",
percebo que esse é o grito de nossa humanidade em Jesus.
É assim que nos sentimos quando a dor chega
e quando a doença castiga nosso corpo.
É assim que gritamos ou sentimos por dentro,
quando tudo dá errado e os problemas se acumulam.
É assim que também nos expressamos
quando perdemos alguém muito querido.
Sei e creio que nunca fomos e nunca seremos
abandonados por ti. Isso seria insuportável!
Não subsistiríamos um momento sequer
sem que tua mão nos protegesse,
sem que teu olhar nos acompanhasse.
Seríamos condenados ao nada mais absoluto,
se nos faltasse teu sopro de vida e teu colo de Pai.
Senhor, aumenta em mim a confiança em ti!
Para que, nos momentos de dor e aflição,
minha alma continue em comunhão contigo.
Se eu tiver que viver algum abandono,
que seja um abandono total em tuas mãos.

E, neste abandono em ti, eu encontre forças
para resistir e celebrar a vitória.
Amém!

DEUS NÃO NOS ESQUECE

Senhor, até quando me esquecerás?
Para sempre?
Até quando terei sofrimento dentro de mim,
e tristeza no coração, dia e noite?
Escuta, Senhor, meu Deus! Responde-me!
Ilumina meus olhos,
para que eu não adormeça na morte.
Que eu não seja vencido pelo inimigo,
e que meus opressores não exultem com meu fracasso.
Eu confio em teu amor!
Meu coração exulta com tua salvação.
Vou cantar ao Senhor
por todo bem que Ele me fez!

(Do Salmo 12)

BEBENDO NA FONTE

Se as tristezas desta vida quiserem te sufocar,
segura na mão de Deus e vai.
Quando estamos mergulhados em uma grande tristeza,
ou quando um terrível sofrimento
se estabelece dentro de nós,
caímos na tentação de pensar que Deus nos abandonou.
E nos perguntamos: por que Deus me esqueceu?
Por que não ouve minhas preces?
Por que não arranca essa tristeza de mim?
Nem nos damos conta de que Deus está por perto,
tão perto, que se confunde conosco,
a tal ponto que pensamos estar sós.
Ficamos tão recolhidos em nossa tristeza,
tão voltados para nós mesmos,
que nos esquecemos de olhar nossa dor
com os olhos límpidos da fé.
E Deus continua conosco, fiel,
esperando que lhe estendamos nossas mãos,
para que Ele nos levante,
e faça nossa vida reencontrar o sentido,
as notas e a melodia da alegria.

PARA REFLETIR

"Deus está em todos os homens, mas nem todos os homens estão em Deus: por isso sofrem" (Rama Krisna).

3
ORAÇÃO DA SEGURANÇA

Pai querido, parece que há momentos em nossa vida
em que ficamos literalmente em algumas mãos humanas.
Há quem diga que o enfermo está nas mãos do médico.
Que os rumos da nação estão nas mãos
de um governante.
Mas é um engano pensar assim!
Antes de tudo, estamos em tuas mãos.
Tudo o que temos e somos.
A nação da qual nos orgulhamos.
Aqueles que nos governam.
Tudo e todos estão sob tua proteção.
Nossa segurança está em ti, Senhor,
nosso Pai e criador de todas as coisas.
Na prece que hoje elevo a ti, digo a meu coração:
Confie sempre no Senhor! Não se perturbe!
Minha vida está segura em tuas mãos!
Sim, meu Deus, eu creio firmemente,
que nada nem ninguém me roubará de tuas mãos.
Que tua graça faça crescer sempre mais em minha alma
essa confiança que me deixa seguro e mais forte na fé.
Amém!

TU ÉS O MEU DEUS!

Guarda-me, Deus, pois eu me abrigo em ti.
Eu digo ao Senhor: "Tu és o meu Deus!
O Senhor é minha herança e minha taça,
meu destino está seguro em tuas mãos.
Bendigo ao Senhor que me aconselha,
e, até de noite, interiormente me instrui.
Tenho o Senhor a minha frente sem cessar.
E se o tenho a meu lado não vacilo.
Por isso meu coração está em festa,
e até meu corpo no repouso está seguro;
porque tu não me deixarás entregue à morte,
nem teu fiel conhecer a corrupção.
Tu me ensinarás o caminho da vida,
cheio de alegria em tua presença,
e de delícias eternas a teu lado".

(Do Salmo 15)

BEBENDO NA FONTE

Ter um coração em festa.
Estar em paz!
E ao repousar, acomodar a cabeça
no travesseiro de uma consciência tranquila.
Sentir-se seguro nas mãos de Deus,
e nas horas de angústia, de solidão e dor,
poder fazer uma oração confiante:
"Senhor, tu és o meu Deus!
Em tuas mãos eu me abandono.
Em teu coração encontro abrigo.
Em teu amor me sinto perdoado.
A minha frente, a meu lado e sobre mim,
sinto tua constante proteção.
Minha alma exulta de alegria.
E meus pés trilham o caminho da vida,
eu sou feliz, Senhor!"
Esta alegria também pode ser sua!
E esta pode ser sua oração de todos os dias.

PARA REFLETIR

Rezar é, às vezes, pedir. Mas, antes de tudo, é permitir que Deus possa agir em nós.

4
ORAÇÃO PARA VENCER AS DÚVIDAS

Ó Deus! É maravilhoso ter no coração
a inquebrantável certeza de teu amor por mim.
Já vivi tantos momentos difíceis,
que me fizeram pensar em parar no meio do caminho.
O sentimento de fragilidade e impotência espiritual
me faz cair na tentação de desistir e abandonar a cruz.
O coração coloca em dúvida teu amor
e parece se esquecer de quantas vitórias já alcançou.
A fé parece sucumbir.
O chão some de meus pés.
Os problemas surgem como uma torrente,
tudo de uma só vez!
Em momentos assim, é preciso acreditar ainda mais
na fidelidade de teu amor incondicional.
E se sou capaz de dar o passo da fé,
descubro que em ti encontro um refúgio,
uma rocha protetora, um abrigo sagrado e seguro.
Conserva em mim, Senhor, essa certeza de teu amor!
Dissipa toda e qualquer dúvida
que quiser escurecer o céu de minha alma.
Eu te amo, meu Senhor!
E carrego em meu ser a certeza de teu amor por mim.

Isso me basta! Isso é tudo!
Obrigado, Senhor!
Amém!

EU TE AMO, SENHOR!

Eu te amo, Senhor!
Tú és a minha força!
Senhor, meu rochedo, minha fortaleza,
meu libertador;
meu Deus, meu refúgio, meu escudo,
força que me salva, meu baluarte!
Louvado seja!
Eu invoquei o Senhor,
e fui salvo de meus inimigos!
Ondas mortais me envolviam,
torrentes destruidoras me aterravam,
cercavam-me laços mortais,
as ciladas da morte me atingiam.
Na minha angústia, invoquei o Senhor,
ao meu Deus lancei meu grito.
Ele ouviu minha voz,
foi um poderoso apoio para mim,
e libertou-me, porque me ama.

(Do Salmo 17)

BEBENDO NA FONTE

O maior de todos os mandamentos
é amar a Deus sobre todas as coisas.
E o amor é muito mais que uma palavra.
É um jeito de viver,
de demonstrar o que há de mais humano em nós,
o humano, tocado e abençoado pelo divino.
Juramos amor a tantas pessoas,
e dizemos que amamos tantas coisas,
que corremos risco de banalizar o amor.
Às vezes, nossas preces são vazias
e nem sequer ousamos dizer: Eu te amo, Senhor!
Esperamos que Deus nos ame!
Sabemos que sem seu amor nada somos.
Mas temos vergonha de declarar-lhe nosso amor.
Quando você estiver rezando, pergunte-se:
Amo a Deus sobre todas as coisas,
sobre todas as pessoas e sobre tudo?
Se seu coração puder responder que sim,
sua prece começará assim: "Eu te amo, Senhor!"
Porque dizer "Eu te amo" é uma necessidade
do coração que não brinca de amar.
E quem se sente amado por Deus,
descobre nele seu refúgio, o escudo protetor,
um poderoso apoio em todas as dificuldades.

PARA REFLETIR

"Ora, o fim do mandamento é o amor de um coração puro e de uma boa consciência, e de uma fé não fingida" (1Tm 1,5).

5
A ORAÇÃO DO AMOR

Senhor, meu Deus,
aprendi que não és apenas fonte de amor,
tu mesmo és o amor!
Aprendi que um gesto de amor apaga muitos pecados,
e que minha vocação principal é o amor.
Ser amado é uma necessidade,
e saber amar é uma tarefa imprescindível.
Quem ama cumpre toda a Lei,
porque teu Filho Jesus a resumiu toda no amor.
Hoje, quero gravar fortemente em meu coração
que a melhor oração é amar.
Que não devo orar se eu não souber amar.
Que devo aprender de Cristo, meu Divino Mestre,
pois foi Ele quem me ensinou a melhor oração: amar.
Que meu jeito de viver expresse o amor.
E que os gestos de amor que brotarem de meu coração
para tocarem a vida de algum irmão
o levem a descobrir tua presença amorosa em mim.
Seja assim, Senhor, meu existir e meu agir.
Amém!

QUE O SENHOR O ABENÇOE!

Que o Senhor lhe responda no dia de angústia,
que Ele o proteja!
Que de seu santuário, Ele mande socorro para você.
Que Ele se lembre de suas ofertas todas,
e aprecie seu sacrifício!
Que lhe dê tudo o que seu coração deseja
e realize todos os seus projetos!
Que o Senhor atenda todos os seus pedidos!
Uns confiam em carros,
outros em cavalos;
quanto a nós, invocamos o nome do Senhor.
Eles se curvam e caem;
nós nos mantemos de pé.
O Senhor nos escuta e nos atende
toda vez que a Ele clamamos.

(Do Salmo 19)

BEBENDO NA FONTE

As mãos de Deus pousam sobre seus fiéis,
repletas de bênçãos e graças.
Elas pousam sobre você!
Olhe para sua vida, sem pessimismo,
sem descrença, sem revoltas,
sem amarguras, sem ressentimentos,
sem ódio nos olhos e no coração,
sem traumas e medos do passado e do presente,
sem ânsia exagerada pelo futuro...
Olhe para você mesmo, para sua vida,
com um olhar puro e cheio de ternura.
É assim que Deus olha para você,
para cada um de seus filhos e suas filhas,
para cada uma de suas criaturas.
Você é importante para Deus!
Você tem valor!
Ele o protege com carinho de Pai.
Ele o ama com um amor incansável e fiel.
Se você existe hoje,
se tantos projetos seus se realizaram,
se tantas tempestades já passaram,
e se, apesar de tudo, você subsiste e está de pé,
é porque Deus nunca o abandonou.
Você é alguém abençoado. Pense nisso!
E a partir de hoje, confie um pouco mais no Senhor!

PARA REFLETIR

"Quando alguém sabe para que vive, não precisa perguntar por que vive!" (G. Thibon).

6
ORAÇÃO AO BOM PASTOR

Obrigado, Senhor,
por seres o Pastor de minha vida!
Como ovelha desgarrada e ferida,
já estive tantas vezes em teus braços.
Em teu amor que não se cansa,
foste pacientemente ao meu encontro
para trazer-me de volta à vida feliz.
Perdoa-me, quando fui prepotente
e quando alimentei o sentimento de autossuficiência,
por imaginar que não precisava de ti.
Agora te peço: "Conduz meus passos
e enche de humildade meu coração.
Desejo caminhar com a força que me vem de ti,
para poder enfrentar os perigos que me cercam.
Somente com tua graça se derramando sobre mim
serei capaz de proclamar todos os dias:
'O senhor é o meu Pastor, nada me falta'".
Amém!

DEIXAR-SE CONDUZIR POR DEUS

O Senhor é meu pastor,
nada me falta.
Em verdes pastagens me faz repousar;
para fontes tranquilas me conduz,
restaura minhas forças.
Ele me guia no caminho mais seguro,
por causa de seu nome.
Ainda que eu passe por um vale tenebroso,
nenhum mal temerei, porque o Senhor está comigo;
seu bastão e seu cajado me deixam tranquilo.
Senhor, tu preparas à minha frente uma mesa,
bem à frente de meus opressores;
unges minha cabeça com óleo,
e minha taça trasborda.
Sim, felicidade e amor me acompanham
todos os dias de minha vida;
E na casa do Senhor habitarei
pelos tempos infinitos.

(Do Salmo 22)

BEBENDO NA FONTE

O Senhor é meu pastor,
nada me falta!
Tantas e tantas vezes pronunciamos essas palavras.
Mas elas só se revelam plenas de sentido
para quem faz de Deus o centro de sua vida.
Posso não ter tudo, mas nada me falta!
Poderia não ter posse de nada,
mesmo assim nada me faltaria.
Poderia ter tudo, e ainda assim seria um miserável,
se não amasse a Deus sobre todas as coisas.
Viver apegado aos bens que se tem
é confiar-se ao que é passageiro.
Tudo passa. Só Deus permanece!
Tê-lo como pastor é confiar-se a Ele.
É saber-se merecedor de seus cuidados.
É deixar-se conduzir por Ele.
É permanecer seguro e sereno,
mesmo enfrentando as tempestades.
É vencer o mal, praticando o bem.
É entregar a vida nas mãos de Deus,
em um ato de fé que se renova todos os dias:
Minha vida te pertence, Senhor,
por hoje e para sempre.
Amém!

PARA REFLETIR

Em lugar de orar: Ó Deus, ajuda-me!, comece como Davi: "O Senhor é meu pastor, nada me falta!" (Salmo 22).

7
PRECE DA CORAGEM

Meu Senhor e Pai!
Quem anda contigo se reveste de coragem
e enfrenta os perigos, por maiores que sejam.
Quem se afasta de ti, fica sem luz
e mergulha em medos e pesadelos.
Hoje, fala-se da síndrome do pânico.
É a doença de quem fechou a porta para ti
e a deixou aberta para o mundo.
Gente que morre de medo!
Medo de tudo e medo de nada.
Medo da morte e medo da vida.
Feliz, Senhor, é quem anda contigo!
Sente-se protegido e amado.
Este pode dizer confiantemente:
"O Senhor é minha luz e salvação.
De quem terei medo?
Sim, somente um coração cheio de Deus
pode desafiar o mundo e o medo:
O Senhor está comigo! Nada temo!
Com tua graça, meu Senhor e Pai,
quero seguir em frente, revestido de coragem
e agradecendo tua proteção".
Amém!

CONFIAR EM DEUS

O Senhor é minha luz e salvação;
de quem terei medo?
O Senhor é a proteção de minha vida,
perante quem eu tremerei?
Se um exército armar-se contra mim,
meu coração não temerá;
se contra mim estourar uma batalha,
ainda assim estarei confiante!
O Senhor me dará um abrigo sob seu teto
nos dias de infelicidade;
Ele me esconderá no segredo de sua tenda
e me protegerá sobre a rocha.
Agora minha cabeça se levanta
sobre os inimigos que me cercam.
Ofertarei um sacrifício de alegria,
no Templo do Senhor.
Vou cantar, vou tocar em honra do Senhor.
Espero ver a bondade do Senhor na terra dos vivos.
Espere no Senhor, seja firme!
Fortaleça seu coração, e confie no Senhor!

(Do Salmo 26)

BEBENDO NA FONTE

Quem tem fé verdadeiramente
não se curva ao peso da dor e do sofrer.
Sente-se sempre maior que os problemas.
Enfrenta, de pé, todas as batalhas
com uma força inquebrantável.
Só quem tem fé pode dizer:
"O Senhor é minha luz e minha salvação".
A fé infunde coragem e confiança
na vida de quem acredita.
Transforma o fraco em forte,
a tal ponto que se sinta tomado por Deus,
e possa dizer: O Senhor é minha proteção,
perante quem eu tremerei?
Se um exército armar-se contra mim,
se contra mim estourar uma batalha,
se a doença se abater sobre mim,
se todos a meu lado me abandonarem,
se a jornada e a cruz forem pesadas demais...
Ainda assim estarei confiante.
Deus está comigo!
Só quem tem fé não teme a vontade de Deus.
E pode rezar aquela oração de Jesus:
Pai, em tuas mãos entrego minha vida.
Seja feita tua vontade!

PARA REFLETIR

"Confie no Senhor com todo o seu coração; E não se fie em sua própria inteligência. Reconheça-o em todos os seus caminhos, e Ele dirigirá seus passos" (Pr 3).

8
ORAÇÃO DA PAZ

Senhor, Deus da paz!
Onde falta tua paz, o inferno se estabelece.
Tua paz dentro de nós é doce presença de céu.
O mundo fala de paz, porque sente sua falta.
Os homens até fazem guerras para estabelecer a paz.
Mas a paz dos homens é apenas a ausência de conflitos.
A tua paz é incomparavelmente melhor e mais necessária.
Quando um homem tem a tua paz no coração
fica em paz consigo e não quer guerra com ninguém.
Só pode promover a paz entre as pessoas
quem a tem dentro de si como um tesouro inviolável,
o melhor fruto que pode ser partilhado com todos.
Hoje, eu quero viver assim, partilhando a paz.
Em nome da paz farei silenciar o grito da violência,
que, vez ou outra, irrompe dentro de mim.
Que a paz esteja em minhas palavras
e se manifeste em meu modo de agir.
E, quando este dia ceder lugar para mais uma noite,
que eu possa reclinar minha cabeça
no travesseiro santo de uma consciência pura,
no aconchego de um coração em paz.
Amém!

BENDITO SEJA O SENHOR!

Clamo a ti, ó Senhor.
Ouve minha voz suplicante
quando eu grito para ti,
quando eu levanto as mãos
para teu Santuário.
Não me deixes perecer com os malvados,
com quem comete iniquidades;
eles falam de paz com seu próximo,
mas têm o mal no coração.
Bendito seja o Senhor,
porque ouviu o clamor de minha súplica!
Minha força e meu escudo é o Senhor,
meu coração nele confia.
Ele ajudou-me e alegrou meu coração;
Eu canto agradecido seu louvor.

(Do Salmo 27)

BEBENDO NA FONTE

Paz!
Todo mundo a deseja ardentemente!
E quem a possui nem sempre sabe reparti-la.
Mas não é qualquer paz que a gente busca.
Não é a paz da ausência de problemas.
Nem do silêncio forçado.
E nem mesmo da ausência de guerra.
É aquela paz que nos vem de Deus.
Que é derramada em nosso coração
à medida que a fé nos ilumina
e que nos abandonamos em suas mãos.
Só em Deus encontramos abrigo e proteção,
porque nosso coração só estará em paz
quando nele puder repousar.

PARA REFLETIR

"Dou-vos a paz, minha paz. A paz que eu vos dou não é a paz que o mundo dá. Não fiquem perturbados, nem tenham medo" (Jo 14,27).

9
PRECE DA VITÓRIA

Senhor, eu bendigo teu Santo Nome,
porque em tantos momentos de minha vida
livraste meus olhos das lágrimas e meus pés do tropeço.
Quando estive à beira de me perder, tu me reconduziste.
Quando estive no limiar do fracasso,
tu mudaste minha sorte e me deste a vitória.
Quando disse para mim mesmo: "Não posso mais!",
teu Espírito me disse: "Vai! Eu estou contigo!"
Quando a tristeza se apoderou de mim,
tu trouxeste de volta a alegria perdida
e me fizeste reerguer a cabeça.
Quando achei que não seria capaz de perdoar,
tu me fizeste compreender, no sofrimento de teu Filho,
que toda a ofensa humana pode ser perdoada,
para que o sacrifício de Jesus não tenha sido inútil.
Eu bendigo, teu Nome Senhor,
pelas incontáveis vitórias que já pude celebrar,
com o auxílio de tua graça e de teu poder.
Amém!

DEUS PODE MUDAR TUA VIDA

Eu te exalto, Senhor, porque me livraste,
não deixaste que os inimigos rissem de mim.
Gritei para ti, Senhor, meu Deus, e me curaste.
Tiraste do túmulo a minha vida
e fizeste-me reviver.
Que todos os fiéis cantem para ti, Senhor.
E celebrem tua memória sagrada.
Tua ira dura apenas um momento,
e teu favor pela vida inteira.
Pela tarde vem o pranto,
e pela manhã, gritos de alegria.
Transformaste meu luto em dança,
e minha roupa de luto em roupa de festa.
Por isso, todo o meu ser canta para ti
e jamais se calará.
Senhor, meu Deus, eu te louvarei para sempre.

(Do Salmo 29)

BEBENDO NA FONTE

Mudar de vida.
Transformar o coração.
Passar das trevas à luz.
Um milagre que não podemos fazer
contando apenas com nossas forças.
Só Deus é capaz de tanto.
Mas Ele, onipotente, conta com nosso esforço.
Se a vida de tanta gente já foi transformada,
a sua também poderá ser!
Deus, se tu o permites, pode te fazer reviver,
enxugar teu pranto e devolver-te a alegria;
Transformar teu luto em dança,
e tua roupa de luto em roupa de festa.
Se sentes que tua vida precisa mudar,
queiras com todas as tuas forças
e com toda a tua fé,
e deixa Deus agir em teu favor.
Ele pode!
Se não conseguiste, ele conseguirá!

PARA REFLETIR

"Se não podes construir uma cidade, constrói um coração" (Provérbio curdo).

10
ORAÇÃO DA BONDADE

Senhor, eu reconheço tua bondade para comigo.
Nem sempre a mereci, mas não a tiraste de mim.
Tratando-me assim, tu me fizeste aprender a ser bom.
A bondade se impõe sobre o egoísmo.
Faz as mãos se estenderem para ajudar e partilhar.
Um coração cheio de bondade
consegue sempre fazer um milagre
com o tesouro que não guarda só para si.
Tua bondade se derrama sobre todos, bons e maus,
justos e injustos, para que todos possam entender
a universalidade de teu amor benevolente,
que busca de todas as formas ensinar aos homens
que a verdadeira justiça da bondade e do amor
consiste em servir sem excluir ninguém.
Peço-te, Senhor, dá-me um coração bom
e ajuda-me a fazer do exercício da bondade
um caminho seguro para a santidade.
Amém!

O SENHOR É BOM

Senhor, eu me abrigo em ti!
Como é grande tua bondade, Senhor!
Tu a reservas para os que temem a ti
e a concedes aos que em ti se abrigam.
Na proteção de tua face os defendes,
bem longe das intrigas humanas.
Seja bendito o Senhor!
Ele fez por mim maravilhas de amor.
Quanto a mim, em minha ânsia, eu dizia:
"Fui excluído para longe de teus olhos".
Tu, Senhor, porém, ouviste minha voz suplicante,
quando eu gritei para ti.
Amem a Javé, seus fiéis todos!
Sejam firmes, fortaleçam o coração,
todos vocês que esperam no Senhor.

(Do Salmo 30)

BEBENDO NA FONTE

Não cometa o erro de pensar que Deus o abandonou.
Você não suportaria sequer viver,
se Deus não tivesse um olhar constante para você.
Aliás, sem Deus, você nada seria!
Procure enfrentar todos os seus problemas,
alimentando a certeza de que sua força vem de Deus.
Ele jamais o abandonaria com a cruz aos ombros!
Ele aceita sofrer com você, carregá-lo em seus braços,
para vê-lo redimido e feliz.
Procure não ser covarde ante as dificuldades.
Não se deixe abater na fé.
Conserve a serenidade e a pureza de seu coração,
mesmo que seja ferido pela ingratidão,
pela traição ou por outras mesquinharias.
Espere sempre em Deus
e fortaleça nele o seu coração!

PARA REFLETIR

"Aqueles que mais procuram negar a Deus são os que mais necessitam de sua presença e de sua luz" (J. Maran).

11
PRECE DO PERDÃO

Pai Santo, teu coração é a fonte do perdão.
Toda a história da Salvação do gênero humano
é marcada por tua constante misericórdia.
Teu Filho Jesus se serviu do madeiro da cruz
para edificar a ponte do perdão.
Por meio dela e sobre ela, a divina ponte,
os homens podem se encontrar contigo
e, sobretudo, uns com os outros
para celebrarem o perdão pedido e oferecido.
E quando o perdão acontece o céu faz grande festa.
Concede-me, Senhor, um coração aberto ao perdão,
que não deixe o sol se pôr sobre uma mágoa recebida
e que não humilhe ninguém antes de perdoar;
um coração que não se sinta em paz
enquanto a festa do perdão não tiver acontecido.
Dá-me, Senhor, a graça de ter um coração assim!
Amém!

O PERDÃO LIBERTA

Feliz aquele cuja ofensa foi absolvida,
cujo pecado já não existe mais.
Feliz o homem a quem o Senhor
já não aponta nenhum delito.
Enquanto ocultei meu pecado,
meus ossos se consumiam.
Porque tua mão pesava sobre mim.
Meu coração tornou-se como um feixe de palha
em pleno calor de verão.
Confessei-te, Senhor, meu pecado,
e não te encobri meu delito.
Eu disse: "Vou ao Senhor confessar a minha culpa"!
E tu absolveste meu delito,
perdoaste meu pecado.
Por isso, que todo fiel suplique a ti
no tempo da angústia:
Se as águas caudalosas transbordarem,
jamais o atingirão.
Tu és meu refúgio,
Tu me libertas da angústia,
e me envolves com cantos de libertação.
Os injustos sofrem muitos tormentos,
mas o amor envolve quem confia no Senhor.

(Do Salmo 31)

BEBENDO NA FONTE

Feliz o homem que acredita na força do perdão.
Ele não perde horas de seu sono,
nem envenena seu coração
tramando planos de vingança.
Ele sabe valorizar a atitude do filho pródigo.
É capaz de sair de seu lugar,
movido por um sincero arrependimento,
e abrir seu coração a Deus,
ou a algum irmão.
Pede e oferece perdão.
Liberta-se ao ser perdoado.
Liberta alguém ao oferecer seu perdão.
E quando perdoado, exulta de alegria,
por sentir-se na paz de Deus e dos irmãos.
E você, sabe perdoar?
É capaz de pedir perdão?

PARA REFLETIR

"Perdoar as injúrias recebidas é curar as chagas do próprio coração" (São Vicente de Paulo).

12
ORAÇÃO DA ESPERANÇA

Senhor Deus, a esperança move o nosso caminhar.
Um homem sem esperança não tem sonhos
nem pode vencer desafios.
É comum aos homens, no mundo de hoje,
colocarem uma grande esperança em outros homens,
em um time de futebol, em um cavalo de corrida,
em um ídolo da música e até em políticos.
É loucura confiar tanto em uma criatura,
a ponto de empenhar-lhe o presente e o futuro,
e, até mesmo, a própria vida.
Bem diz tua Palavra:
"Feliz a nação cujo Deus é o Senhor".
Cuida de mim, Senhor, pois eu confio em ti.
Meu coração deposita somente em ti
as esperanças mais profundas de meu ser.
Sede meu auxílio e meu escudo protetor.
Cuida de mim, Senhor!
Amém!

ESPERAR E CONFIAR NO SENHOR

Feliz a nação cujo Deus é o Senhor,
o povo que ele escolheu como herança.
Do céu, o Senhor contempla e vê todos os homens.
De sua morada, observa todos os habitantes da Terra;
Ele formou o coração de cada um
e discerne todos os seus atos.
O Senhor cuida daqueles que o temem,
daqueles que esperam em seu amor,
para livrar da morte a vida deles,
no tempo da fome fazê-los viver.
Quanto a nós, esperamos no Senhor.
Ele é nosso auxílio e nosso escudo.
Nele se alegra nosso coração,
em seu nome santo nós confiamos.
Senhor, esteja sobre nós teu amor,
como está em ti nossa esperança.

(Do Salmo 32)

BEBENDO NA FONTE

Neste mundo em que tentamos viver,
a fé corre riscos de extinção.
Confiamos, desconfiando.
Às vezes, pecamos duplamente:
por excesso de confiança
em nós mesmos ou em alguém;
ou por absoluta falta de confiança.
Mas há momentos na vida
em que os recursos humanos se esgotam.
As palavras já não dizem nada.
A medicina não encontra o remédio da cura.
E a gente não sabe a quem recorrer.
É nessa hora que a alma grita mais forte:
"Confia no Senhor!"
Procura o ombro dele, que Ele é Pai!
Dele se pode esperar e receber
o auxílio e a proteção que se necessita.
Ele pousa seu olhar amoroso
sobre aqueles que o temem.
Feliz o homem, a família... e a nação
cujo Deus é o Senhor!

PARA REFLETIR

"O Senhor não poderá abandonar aqueles que o procuram"
(do Salmo 9).

13
PRECE DE JUSTIÇA

Senhor, minha prece de hoje fala de justiça.
Não da justiça dos homens e sim de tua justiça divina.
Os homens dizem que tua justiça tarda, mas não falha.
Ao longo da história da salvação humana,
a justiça de teu Reino tem mostrado sua força.
Reinos e poderosos que não temem teu nome
são abalados e caem por terra.
Ricos empobrecem e chegam a passar fome.
Por suas próprias injustiças, os maus perecem.
Mas teus olhos, teus cuidados e teu carinho
voltam-se para o pequeno e o oprimido,
que esperam em teu amor.
Escutas o clamor dos justos,
estás perto dos corações feridos para confortá-los
e salvas os que estão desanimados.
Esta é a revolução do amor pleno de justiça.
Fortalece, Senhor, em nossos dias,
todos os cristãos solidários e comprometidos
com as causas do Reino e com a defesa da vida.
Unge com a força de teu Santo Espírito
os profetas e as profetisas de nossa Igreja.
E não permitas, Senhor, que meu coração
fique insensível frente às injustiças

que ferem e que matam teu povo.
Peço-te um coração que se sinta indignado
diante de toda e qualquer injustiça
que fere a vida humana.
Amém!

UM CONVITE IMPORTANTE

Provai e vede quão suave é o Senhor!
Feliz o homem que tem nele seu refúgio!
Respeitai o Senhor Deus, seus Santos todos,
porque nada falta aos que o temem.
Os ricos empobrecem e passam fome,
mas nada falta aos que buscam ao Senhor.
Clamam os justos, e o Senhor bondoso escuta
e de todas as angústias os liberta.
Está perto dos corações feridos,
e salva os que estão desanimados.
Muitos males se abatem sobre os justos,
mas o Senhor, de todos eles, os liberta.
O Senhor protege os ossos do justo:
Nenhum deles será quebrado.
O mal causa a morte do injusto;
os que odeiam o Senhor serão condenados.
O Senhor resgata a vida de seus servos,
e castigado não será quem nele espera.

(Do Salmo 33)

BEBENDO NA FONTE

O mundo nos faz muitos convites:
Desfrutar o máximo do prazer.
Levar vantagem em tudo e sobre todos.
Pagar o mal com a mesma moeda.
Buscar riquezas com avidez.
Possuir tudo o que se sonha.
Consumir o máximo que puder: sexo, bebidas,
drogas, grifes, carros... e até pessoas.
Buscar status, fama e poder.
Mas a Palavra de Deus nos faz outro convite:
"Provai e vede como o Senhor é bom!
Feliz o homem que tem nele seu refúgio".
Pergunte a si mesmo, com sinceridade:
A qual convite estou respondendo?
Que caminho meus passos estão seguindo?
Em que tesouro repousa meu coração?
Faço de Deus o centro de minha vida?

PARA REFLETIR

"Onde estiver teu tesouro aí estará também teu coração"
(Mt 6,21).

14
PRECE DE GRATIDÃO

Meu bom Deus, hoje minha prece é de gratidão
pelas maravilhas, sem conta, que já operastes em meu favor,
por todos os meus dias vividos até agora
e pelas conquistas que estão escritas em minha história.
Obrigado por minha família e pelos tantos amigos
que povoam minha vida e a iluminam com o sol da amizade.
Obrigado por ter firmado meus pés e meus passos
quando corri os riscos de conhecer a dor das quedas.
Eu te agradeço por teres tomado minhas mãos
quando estive a ponto de naufragar depois de duvidar de ti.
Foram tantas alegrias e festas,
muito mais que os momentos de tristeza,
que pude experimentar ao longo da travessia.
Conserva em meu coração a graça de saber agradecer
e a sensibilidade para descobrir, a cada novo dia,
que, por mais que eu agradeça, ainda ficarei devendo
gratidão.
Amém!

DEUS É POR VOCÊ!

Esperando, esperei ansiosamente no Senhor,
Ele se inclinou para mim e ouviu meu grito.
Retirou-me da cova da morte,
de um charco de lodo e de lama.
Colocou meus pés sobre a rocha
e firmou meus passos.
Pôs um cântico novo em minha boca,
um poema em louvor ao Senhor.
É feliz quem a Deus se confia;
quem não segue os adoradores de ídolos
e se perdem por falsos caminhos.
Quantas maravilhas realizaste, ó Deus!
Quantos projetos em nosso favor!
Ninguém se compara a ti!
Quero anunciá-los, falar deles,
mas ultrapassam qualquer conta.
Sobre mim está escrito no livro:
"Com prazer faço tua vontade.
Guardo em meu coração tua lei".

(Do Salmo 39)

BEBENDO NA FONTE

Jesus proclamou felizes os pobres em Espírito,
porque deles é o Reino do Céu.
Só quem sente necessidade de Deus
sabe esperar nele,
vive de esperança
e acredita que essa esperança não decepciona.
Acredita e espera!
Experimenta a graça de sentir a mão de Deus,
livrando-o das garras da morte,
tirando-o do caminho perigoso,
firmando seus pés e conduzindo seus passos;
transformando sua vida em um hino de gratidão.
Quem a Deus se confia,
testemunha com a vida as grandes maravilhas
que o Senhor realizou e realiza em seu favor.

PARA REFLETIR

"As angústias mais cerradas deixam sempre uma clareira iluminada por uma réstia de esperança" (Coelho Neto).

15
ORAÇÃO DE REFÚGIO

Meu Pai, escuta minha prece em forma de clamor!
É que, de vez em quando, o mundo desaba
e os ombros se revelam fracos para suportar o peso.
De um lado, são incompreensões que machucam;
do outro, é a doença que aflige o corpo.
E em minha fragilidade busco tua força.
Necessito abrigar-me à sombra de tuas asas,
até que passe a tormenta.
Minha vida parece um barco à deriva,
solto e indefeso em meio a um mar revolto.
Livra-me deste medo que me faz naufragar!
Reanima meu espírito e coloca-me de pé.
Renova minhas forças combalidas.
Preciso voltar a caminhar e retomar minhas lutas.
Quero de novo sentir a alegria de te servir
e de louvar e bendizer teu Nome Santo.
Derrama tua luz sobre meus passos
e tuas graças sobre meu viver,
até o momento em que possa dizer novamente:
"Meu coração está firme, Senhor.
Obrigado por teu amor sempre fiel!"
Amém!

CONSERVE O CORAÇÃO EM DEUS

Piedade, ó Senhor, tem piedade de mim,
pois eu me abrigo em ti;
abrigo-me à sombra de tuas asas
até que passe a tormenta.
Clamo ao Deus Altíssimo,
ao Senhor que fará tudo por mim.
Ele me enviará a salvação,
e em seu amor sempre fiel
confundirá os que me atormentam.
Armaram uma rede para meus pés,
cavaram uma cova à minha frente,
mas foram eles, meus opressores,
que caíram na cova que abriram.
Meu coração está firme, ó Deus,
meu coração está firme.
Vou louvar-te entre os povos, Senhor,
pois teu amor é maior que o céu,
e tua fidelidade alcança as nuvens.
Que tua glória domine a Terra inteira!

(Do Salmo 56)

BEBENDO NA FONTE

O evangelista João nos lembra que, certo dia,
ao entardecer, os discípulos estavam na barca,
atravessando o mar da Galileia, rumo a Cafarnaum.
A noite chegou, e um vento forte soprava sobre o mar.
Jesus veio ao encontro deles caminhado sobre as águas.
Sentiram muito medo, mas Jesus os acalmou:
"Sou Eu. Não tenham medo!"
Nossa vida é assim: noites que chegam,
vendavais impetuosos, ondas revoltas,
medo do nada, e, às vezes, medo de tudo.
E se temos fé, continuamos ouvindo Jesus:
Coragem! Estou com vocês!
Não tenham medo de prosseguir.
Eu sigo com vocês!
As tempestades passam e a bonança é uma certeza.
"No mundo tereis muitas provações,
mas tenham coragem; eu venci o mundo!" (Jo 6,16-21; 16,33)

PARA REFLETIR

"Nada te perturbe! Nada te espante! Tudo passa!
Só Deus não muda! A paciência tudo alcança.
Quem tem Deus nada lhe falta. Só Deus basta!" (Santa Teresa D'Ávila).

16
PRECE DO ABANDONO

Senhor meu Deus, este é meu momento de prece.
É duro demais ser abandonado por alguém,
especialmente quando esse é alguém muito amado.
Eu sei que quem ama não abandona,
mas em nosso mundo o amor é tão banalizado,
que todos os dias tem alguém sendo abandonado:
esposas, crianças, idosos e até recém-nascidos.
Somente de ti podemos ter certeza
de que teu amor não abandona jamais.
Derrama tua graça e proteção sobre os abandonados,
que tuas mãos os alcancem e os protejam
por meio das mãos acolhedoras de pessoas solidárias.
Hoje, minha prece é de abandono.
Sim! Quero fazer a experiência de abandonar-me em ti,
pois somente em ti encontro abrigo seguro.
Tu és meu rochedo, meu refúgio e minha salvação.
Que todas as pessoas que conhecem de perto
a triste experiência do abandono humano
encontrem em ti a graça do acolhimento
e a poderosa força do amparo de tuas mãos de Pai.
E como eu faço hoje, também elas se abandonem em ti.
Amém!

DEUS É MEU REFÚGIO

Só em Deus minha alma encontra repouso,
porque dele vem a minha salvação.
Só Ele é minha rocha e salvação,
a fortaleza onde encontro segurança.
A minha glória e salvação estão em Deus.
Deus é meu forte rochedo.
Deus é meu refúgio.
Povo de Deus, confie nele em qualquer situação.
Abra diante dele o coração:
Nosso Deus é um refúgio para nós.
Não confiem na opressão,
nem se iludam com o roubo.
Se a riqueza de vocês aumenta,
não depositem nela o coração!
Deus falou uma vez,
e duas vezes eu escutei:
"A Deus pertence o poder",
e a ti Senhor, pertence o amor,
porque tu pagas a cada um
conforme as suas obras.

(Do Salmo 61)

BEBENDO NA FONTE

Uma retrospectiva de vida
ou sério exame de consciência,
acabam nos revelando como tantas vezes nos enganamos.
Confiamos cegamente em pessoas
que acabaram nos decepcionando.
Acreditamos em sistemas e partidos políticos,
capazes apenas de promessas ilusórias,
cujas ideologias nunca assentaram os pés no chão.
Acreditamos em estruturas e instituições,
que nos pareciam muito sérias,
e depois se nos revelaram corruptas e podres.
Aplaudimos muitos discursos emocionantes,
mas constatamos, depois, com pesar,
que eles não passaram de meras palavras.
Confiamos e idolatramos líderes humanos,
e ficamos chocados, quando descobrimos,
que eles têm coração de pedra e pés de barro.
Feliz de quem, depois de tantas decepções,
pode dizer para si mesmo e mais alguém:
"Só em Deus encontrei refúgio e abrigo.
Só em Deus achei a paz!
Nele confiei, e a Ele me entreguei,
e não sai decepcionado.
Só em Deus!"

PARA REFLETIR

"A mão de Deus está colocada na direção dos seus. Ela os guia através de caminhos que eles mesmos ignoram" (John Henry Newman).

17
ORAÇÃO DA SEDE SACIADA

Pai de amor, vivemos em um mundo cheio de sede:
sede de moda, de consumo, de beleza, de poder.
Sede de sexo, de prestígio social, de dinheiro...
Poucos se sentem saciados dessas sedes,
E não encontram nem paz nem felicidade.
Quanto mais têm mais desejam ter.
O dinheiro nunca lhes basta.
O mundo sempre lhes suscita um desejo novo,
do qual não se tem nenhuma necessidade.
Livra-me, Senhor, de escravizar minha alma
nesta água que não mata a sede.
Dá-me sabedoria para me servir daquilo que passa,
e abraçar os valores perenes de teu Reino.
É de ti que minha alma sente sede.
Que sejam para ti os desejos de meu coração.
Conserva em minha alma essa sede.
Assim como a terra seca, esgotada e sem água,
que anseia pela chegada da chuva bem-vinda:
ou como a corça, que suspira pelas águas do riacho;
assim minha alma, suspire por tua presença.
De alma e coração desejo estar em comunhão contigo,
pois é de ti que me vem toda a paz e todo o bem.
Assim seja, Senhor!

SEDE DE DEUS

Ó Deus, tu és meu Deus,
eu te busco, ansioso, desde a aurora.
Minha alma tem sede de ti,
minha carne te deseja com ardor,
como terra seca, esgotada e sem água.
Teu amor vale mais do que a vida,
meus lábios te louvarão.
Tu foste um socorro para mim,
e à sombra de tuas asas eu grito de alegria.
Minha alma está ligada a ti,
com poder tua mão me sustenta.

(Do Salmo 62)

BEBENDO NA FONTE

Se a jornada é pesada e te cansas na caminhada,
segura na mão de Deus e vai.
Todos nós acreditamos que a vida é o Dom maior.
É o Dom de todos os dons;
a grande graça que Deus nos oferece.
É o Dom que se renova todos os dias,
mesmo que nada façamos de extraordinário
para merecermos contemplar mais uma aurora
e dirigir nossos passos ao ocaso de mais um dia;
até que cheguemos ao poente definitivo
de nossa existência na terra.
Mas, às vezes, nossas jornadas são pesadas:
trabalho, rotina, luta pelo pão de cada dia,
crise financeira, instabilidade emocional...
Corremos o risco de nos sentirmos cansados
e tentados a abandonar a cruz à beira do caminho.
Precisamos aprender a não confiar apenas em nós.
Faz-se necessário segurar na mão de Deus,
e, nele, encontrar o socorro, saciar a sede de paz,
banhar-se de luz, revestir-se de esperança,
fortalecer-se na fé e prosseguir a caminhada.
Lembre-se: Quem se abandona em Deus
descobre que sua mão o sustenta, sempre.

PARA REFLETIR

"Vinde a mim todos vocês que estão cansados de carregar o peso de seu fardo, e eu lhes darei descanso" (Mt 11,28).

18
ORAÇÃO DA FORTALEZA

Ó meu bom Deus!
Tu és minha força e não outro deus
em quem posso confiar mais do que em ti.
Meu coração se enche de grande alegria
quando reflito em teu amor por mim.
Desde minha concepção, ainda no ventre materno,
nunca me abandonaste um instante sequer!
Amor constante e desde sempre fiel.
Tu és minha fortaleza e em ti me fortifico.
És meu refúgio e em ti me sinto seguro.
Eu confio em ti e sigo de cabeça erguida.
Fizeste-me passar por duras provas,
mas em tudo me deste a vitória.
Quando o caminho parecia não ter fim,
tua mão me apontava a direção certa.
Pelo caminho afora, tua mão tocava meu ombro.
Bendito sejas, meu Senhor e Deus Fiel,
por seres desde sempre minha fortaleza!
Amém!

A FIDELIDADE DE DEUS

Senhor, eu me abrigo em ti:
que eu nunca fique envergonhado disso.
Salva-me e liberta-me por tua justiça!
Inclina depressa teu ouvido para mim!
Sejas tu minha rocha de refúgio,
a fortaleza onde eu me salve,
pois meu rochedo e minha fortaleza és tu!
Livra-me da mão do injusto,
do punho do criminoso e do violento;
pois só tu és minha esperança,
confio em ti desde minha juventude.
Já no ventre materno eu me apoiava em ti,
e no seio materno me sustentavas.
Eu sempre confiei em ti!
Tu me instruíste desde minha juventude
e até hoje eu anuncio tuas maravilhas.
Fizeste-me passar por angústias numerosas,
mas creio que voltarás a dar-me a vida
e que de novo me consolarás.
Celebrarei sempre teu nome
por tua fidelidade, ó meu Deus!

(Do Salmo 70)

BEBENDO NA FONTE

Olha, hoje, para tua vida!
Contempla o mistério e a maravilha que és!
Quantos anos tens agora?
O que achas de tua história?
Aprecias o conteúdo de tua existência?
Ou viveste até o momento uma vida vazia,
sem conteúdo e sem sentido?
Que caminho teus pés percorrem agora?
Em quem tens depositado tua confiança?
Bom seria se pudesses dizer em oração:
Senhor, tenho confiado e esperado em ti
desde minha juventude.
Tens sido para mim, desde o ventre materno,
uma preciosa fonte de força e de paz.
Tuas mãos têm me levantado de minhas quedas.
Teu amor tem me sustentado
e plenificado de sentido meu viver.
Tenho passado por duras provações,
mas de todas elas tenho saído vencedor,
porque as enfrento com a força que vem de ti.
Obrigado, meu Deus, meu Senhor!

PARA REFLETIR

"Ter medo de amar é ter medo da vida, e os que temem a vida já estão em boa parte mortos" (Anônimo).

19
ORAÇÃO DE SÚPLICA

Senhor meu Deus,
aprendi que acolhes nossas súplicas
como uma oração que parte do coração,
a partir de nossas necessidades mais urgentes.
Minha oração de hoje é feita de súplicas.
Creio que tens teus ouvidos inclinados para mim
para escutar, muito mais que minhas palavras,
os gemidos do Espírito, que me faz clamar.
Guarda-me, ó Deus, na graça de um amor fiel,
que seja fecundo em obras em favor dos irmãos.
Tem piedade de mim, pois sou fraco e pecador.
Alegra sempre minha alma,
para que não se canse de buscar tua face.
Em meio as minhas angústias, ouve meu grito!
Tu és meu Deus! E eu sou teu servo!
Fica sempre comigo, pois sem ti nada sou.
Toca de novo na fragilidade deste barro que sou.
Restaura minha vida e acende em meu coração
o fogo forte e suave de teu amor que não passa.
Amém!

SÚPLICA AO DEUS FIEL

Senhor, inclina teu ouvido para mim,
e responde-me, porque sou pobre e indigente.
Guarda-me, por que sou fiel,
salva este teu servo que confia em ti!
Tu és meu Deus!
Tem piedade de mim, Senhor,
pois invoco teu nome o dia todo!
Alegra a alma deste teu servo,
pois a ti eu elevo a minha alma!
Tu és bom e cheio de perdão, Senhor.
Tú és cheio de amor
para com todos que te invocam.
Atende a minha prece, Senhor,
acolhe meu pedido suplicante.
Em minha angústia eu grito a ti,
porque sei que me respondes, ó Deus fiel!
"Tu és grande, e fazes maravilhas.
Tu és o único Deus."

(Do Salmo 85)

BEBENDO NA FONTE

Dizem que os acontecimentos da vida
não são apenas respostas que Deus nos dá;
são também perguntas que Deus nos faz.
Feliz de quem tem sobriedade e sensibilidade
para perceber os sinais de Deus em sua existência;
suas perguntas e respostas em tudo que acontece:
na festa que se recebe dos amigos,
na dor e no sofrer que se abatem sobre a vida,
na cruz que pesa aos ombros,
na paz que, apesar de tudo,
insiste em permanecer no coração de quem crê.
Olhe um pouco mais a sua volta.
Perceba que Deus, por meio de suas obras,
fala com você e por intermédio de você.
Ele ouve suas preces.
Acolhe suas lágrimas.
E tem sido generoso com você,
dando-lhe bem mais do que você merece,
e colocando em suas mãos o que mais lhe é necessário.
Pode acreditar! Suas preces têm endereço certo:
O coração de Deus!

PARA REFLETIR

Se colocardes Deus em tudo o que fizerdes, encontrá-lo-eis em tudo o que vos acontecer (Vladimir Ghika).

20
ORAÇÃO PARA AUMENTAR A FÉ

Senhor, começo minha oração de hoje
fazendo-te um pedido: "Aumenta minha fé!"
Necessito de uma fé mais forte e lúcida,
que me ajude a iluminar a vida das pessoas
que seguem a meu lado, buscando em mim
um sinal de tua presença e uma palavra
que lhes sirva de bálsamo e de força.
A minha volta tanta gente vive sem fé.
Vidas vazias e presas fáceis diante do mundo.
Dá-me uma fé forte e grande,
"Como um grão de mostarda",
e uma certeza de que, pela força da fé,
os vícios podem ser vencidos,
a cruz pode ser suportada e carregada...
e uma vida pode ser transformada.
Aumenta e fortalece minha fé!
Para que eu experimente em minha vida
o que tua Palavra proclama:
"Caiam mil a teu lado
e dez mil a tua direita, nada te atingirá".
Se não for demais o que te peço,
atende-me, Senhor, e aumenta minha fé!
Amém!

DEUS ESTÁ COMIGO!

Tu, que habitas ao abrigo do Altíssimo
e vives à sombra do Senhor onipotente,
diga ao Senhor: "Sois meu Deus, eu confio em vós,
porque sois meu refúgio e minha fortaleza".
Ele te livrará do laço do caçador
e da peste destruidora.
Ele te cobrirá com suas penas,
e debaixo de suas asas tu te refugiarás.
Caiam mil a teu lado
e dez mil a tua direita,
nada te atingirá.
Basta que olhes com teus próprios olhos
para ver o salário dos injustos,
porque fizeste de Javé teu refúgio
e tomaste o Altíssimo como teu defensor.
Deus ordenou a seus anjos
que te guardem em teus caminhos.
Eles te levarão nas mãos
para que teu pé não tropece em uma pedra.
Caminharás sobre cobras e víboras
e pisarás sobre leões e dragões.
Eu te livrarei, porque te apegastes a mim.
Eu te protegerei, pois conheces meu nome.
Me invocarás, e eu responderei.
Na angústia estarei contigo.
Vou saciar-te de longos dias
e lhe farei ver minha salvação.

(Do Salmo 90)

BEBENDO NA FONTE

As aves do céu têm ninhos,
nos quais se abrigam com seus filhotes.
As raposas têm tocas, onde se refugiam.
Mas o filho do homem não tem onde reclinar a cabeça.
São palavras de Jesus, para nós, hoje.
É triste não ter abrigo para ser acolhido.
É trágico não encontrar um refúgio
na hora da desventura.
Humanamente, todos precisamos de abrigo,
de acolhida, de colo, de braços amigos,
de apoio, na hora da dor, e de amor sempre.
Quando nada disso acontece,
e nos flagramos carentes e abandonados por todos,
ainda podemos contar com o coração de Deus.
Ele nos dará acolhida sempre,
perdão e amor fiel, abrigo seguro e libertação,
mãos fortes a nos indicar o caminho
e a nos erguer de nossos fracassos.
Só então começamos a entender, de verdade,
o que é habitar no abrigo do Altíssimo
e viver à sombra do Senhor onipotente.
Sentir-nos-emos guardados e defendidos por Deus;
fortes em sua força, capazes de pisar sobre a dor,
de carregar a cruz e de enfrentar os perigos,
com uma fé sólida e confiança inabalável.
Faça de Deus teu defensor, teu refúgio,
teu abrigo e teu único Senhor!

PARA REFLETIR

"Eu sei que não vim a este mundo para sofrer: para cada lágrima de sofrimento eu tenho direito a uma lágrima de alegria" (Lauro Trevisan).

21
PRECE DE CONFIANÇA

Senhor, Deus de ternura,
minha prece é de agradecimento
por teu carinho e compaixão para comigo.
Tens perdoado minhas culpas.
Tens curado minhas enfermidades.
Conheces bem de que barro sou feito.
Minha fragilidade necessita de tua força.
Aumenta minha confiança em ti
e apaga de meu coração a arrogância,
a autossuficiência e a prepotência,
a fim de que eu não caia na tentação
de enfrentar os desafios e meus problemas
contando com minhas pobres forças.
Que minha confiança se volte para ti
com um sincero reconhecimento
de que contigo posso superar, suportar e vencer.
Confiando em ti, não poderei esquecer:
"Não és tu que precisas de mim,
sou eu que tenho necessidades de ti!"
Por isso eu te agradeço, meu Senhor,
e mais uma vez te peço:
"Aumenta minha confiança em ti!"
Amém!

CARINHO DE DEUS POR VOCÊ

Bendize, ó minha alma, ao Senhor,
e todo o meu ser, seu santo nome!
Bendize, ó minha alma, ao Senhor,
não te esqueças de seus favores!
Pois Ele perdoa tuas culpas todas
e cura toda a tua enfermidade.
Da sepultura Ele salva tua vida
e te cerca de carinho e compaixão;
de bens sacia tua vida,
e renova tua juventude, como a da águia.
O Senhor é indulgente, é favorável,
é paciente, é bondoso e compassivo.
Como um pai se compadece de seus filhos,
o Senhor tem compaixão dos que o temem,
porque sabe de que barro somos feitos.
E se lembra do pó que somos nós.
Os dias do homem são como a relva,
ele floresce como a flor do campo;
que, apenas com o soprar do vento, se esvai,
e já nem sabemos onde era seu lugar.

(Do Salmo 102)

BEBENDO NA FONTE

Contempla tua existência até agora!
Quantas graças recebeste de Deus
para que pudesses chegar até aqui!
Quantas culpas perdoadas!
Quantos favores que não soubeste agradecer!
Quantas dores pudeste suportar,
porque o Senhor te cercou de carinho
e teve compaixão de ti!
Tua fome e tua sede foram sempre saciadas,
e tuas mãos ficaram fartas de bens.
Se ainda há arrogância e ingratidão em teu coração,
toma consciência de que és pó.
Nada podes sem Deus!
Sem ele, és como a flor do campo:
efêmera e contingente.
Tu também és pequeno e efêmero,
frágil demais para ousar acreditar só em ti.

PARA REFLETIR

Não é Deus que precisa de ti. És tu que necessitas de Deus!

22
ORAÇÃO DA MATURIDADE

Querido Deus, em minha prece de hoje,
quero te pedir uma fé mais madura,
que me faça reclamar menos do sofrimento
e aceitar as limitações de meu corpo biológico.
Peço-te isso porque vejo tanta gente murmurando,
pedindo-te uma vida sem sofrimento, sem dor,
sem infortúnios, sem tentações, sem contrariedades,
sem incompreensões, nem tristezas,
sem trabalho, sem doenças e sem morte.
Eu quero ser capaz de entender pela fé e pela razão
que o sofrer faz parte da vida humana:
tropeços e aflições, perdas e desilusões,
derrotas e fracassos, provações e lágrimas...
Mas para quem acredita existe vitória!
Nosso calvário humano é pleno de redenção.
A ressurreição de Jesus nos garantiu essa graça.
Que minha fé seja madura e sóbria.
Que meu jeito de viver tenha confiança e resignação.
E quando, em meu existir, a *via crucis* começar,
esta fé madura seja minha força a cada estação,
e me acompanhe até o último momento de lucidez,
quando minha alma cruzará o limiar da porta
para mergulhar definitivamente em Deus.
Amém!

DEUS É BONDOSO E COMPASSIVO

Eu amo meu Senhor,
porque ele ouve minhas súplicas,
porque inclina seu ouvido para mim
no dia em que eu o invoco.
Laços de morte me cercavam,
e eu caí na angústia e aflição.
Então, eu clamei pelo Senhor:
"Ah! Senhor, salva minha vida!"
E ele foi justo e clemente,
pleno de compaixão para comigo.
O Senhor protege os simples e fracos, como eu,
por isso me salvou.
Agora, ó minha alma, volta à tranquilidade
porque o Senhor foi bondoso com você.
Livrou minha vida da morte,
meus olhos das lágrimas
e meus pés do tropeço.
Caminharei na presença do Senhor,
na terra dos vivos.

(Do Salmo 114)

BEBENDO NA FONTE

Todos sabemos, embora nem todos aceitamos,
que o sofrimento faz parte da vida humana:
angústias e aflições, perdas e desilusões,
tropeços e quedas, provações e lágrimas...
um verdadeiro calvário humano!
Mas para quem tem fé existe vitória.
Nosso calvário não é de aniquilamento.
Ele tem força e garantia de ressurreição.
E a fé nos convida a unir nosso sofrer
ao sofrimento redentor de Cristo.
Por isso, para todos os momentos difíceis
que se abaterem sobre você,
conserve o vigor de sua fé.
Lembre-se de Deus!
Entregue-se a Deus!
Espere em Deus!
E com Ele, você será mais que vencedor.

PARA REFLETIR

"Eu estarei convosco todos os dias até o fim dos tempos"
(Mt 28,20).

23
ORAÇÃO DO ETERNO AMOR

Deus de amor, elevo a ti minha prece
plena de reconhecimento de teu amor por mim.
Sim, Pai, teu amor, que é eterno,
leva-me a questionar o amor humano.
Teu amor é fiel e nos busca incansavelmente.
Nós dizemos que amamos a todo o momento,
mas nem sempre sabemos demonstrar;
um amor mais de palavras e pobre de ação.
Teu amor está sempre pronto a servir.
Nosso amor deseja ser servido.
Obrigado, meu Pai, pela grandeza de teu amor!
Peço-te a graça de aprender a amar,
sem ferir a liberdade de quem amo.
Sem alimentar em mim desejos de posse.
Quero aprender a aceitar as dores do amor.
Sim, porque amar tem suas dores e seus tormentos,
seus aclives pesados e declives prolongados.
Quero ter em mim um amor sem medo da cruz,
que saiba dar a vida e nisso encontre sua alegria.
Dá-me, Senhor, a graça desse amor,
para que meu viver seja de teu agrado
e para que possas encontrar em mim tua alegria.
Amém!

SEU AMOR É PARA SEMPRE

Dai graças ao Senhor, porque Ele é bom!
Porque seu amor é para sempre.
Em minha angústia, clamei pelo Senhor
e Ele me ouviu e me libertou.
O Senhor está comigo, jamais temerei!
O que pode contra mim um ser humano?
O Senhor está comigo, é meu auxílio!
Eu verei a derrota de meus inimigos.
É melhor buscar refúgio no Senhor,
do que pôr no ser humano a esperança.
É melhor buscar refúgio no Senhor,
do que contar com os poderosos.
Empurraram-me, tentando derrubar-me,
mas o Senhor veio em meu socorro.
O Senhor é minha força e meu canto,
Ele é minha salvação.
A mão direita do Senhor me levantou!
A mão direita do Senhor é poderosa!
Não vou morrer. Eu viverei
para cantar as grandes obras do Senhor.
Agradeçam a Javé, porque Ele é bom,
porque seu amor é para sempre!

(Do Salmo 117)

BEBENDO NA FONTE

Deus é bom!
O Amor que Ele tem para com você é imenso,
e durará para sempre.
Por isso, não se deixe derrotar em qualquer situação.
Tenha coragem de prosseguir seu caminho!
Não se deixe abater pelo desânimo,
porque desanimar é deixar-se vencer,
é aceitar a derrota como troféu.
Se o desânimo bater a sua porta,
não o deixe entrar!
As dificuldades são muitas:
solidão, desemprego, doença, medo...
Se o céu estiver cinzento sobre você,
anunciando vendavais e tormentas,
ainda assim, mantenha sua coragem,
reforce sua confiança e prossiga!
Escute a prece de seu coração: você não está só!
Deus está com você e é seu auxílio.
Conte mais com Ele que consigo mesmo!
Seus olhos de Pai olham por você.
Suas mãos poderosas lhe sustentarão.
Ele escuta e acolhe suas súplicas.
Não tema! Segue avante!
O amor de Deus por você é para sempre!

PARA REFLETIR

O Senhor está comigo, jamais temerei! O que pode contra mim um ser mortal? (Sl 117).

24
ORAÇÃO DA VONTADE DE DEUS

Pai do céu, não sei ficar um dia sequer
sem fazer a oração que Jesus nos ensinou.
Ele também nos disse: "Eis que venho
pra fazer vossa vontade".
Perdoa-me, Senhor, porque nem sou capaz
de dar primazia a tua divina vontade.
Enfrento todas as dificuldades possíveis
para buscar a realização daquilo que desejo,
sem medir esforços e sacrifícios.
Mas não consigo agir da mesma forma
quando se trata de fazer tua vontade.
Preciso mudar isso dentro de mim.
Ajuda-me, Senhor, a vencer esse pecado,
que me faz colocar meu querer humano
quase sempre acima de tua santa vontade.
Desejo orar como Jesus ensinou:
"Que seja feita vossa vontade
assim na terra como no céu".
Sim, Pai, que na busca de fazer tua vontade
meu coração encontre a felicidade e a paz.
Amém!

A VONTADE DE DEUS

Senhor, desça sobre mim teu amor
e tua salvação, conforme tua promessa!
Aos que me insultam, eu responderei
que confio em tua lei.
Cumprirei tua vontade sem cessar,
para sempre e eternamente.
É amplo e agradável meu caminho
porque procuro cumprir teus preceitos.
Muito me alegro com teus mandamentos
que eu amo muito, mais que tudo.
Levanto para ti minhas mãos
e medito sobre tua vontade.
Lembra-te de tua palavra a teu servo,
na qual tu me fazes esperar.
Está é minha grande consolação:
Tua promessa me traz a vida.

(Do Salmo 118)

BEBENDO NA FONTE

Promessas!
Entendemos bastante de fazer promessas.
Promessas feitas nos altares,
nos palanques, nos lares...
promessas nem sempre cumpridas e vividas.
Somos frágeis e finitos em demasia
para sermos fiéis para sempre.
Só Deus é capaz de extrema fidelidade
em seu amor e em suas promessas.
Nele podemos confiar,
esperar em sua lei,
viver sua palavra e fazer sua vontade.
Seu amor gera vida em nós,
e nos ajuda a superar os sinais de morte,
que minam a força de nossa existência.
Sobre nós Ele derrama com generosidade
sua infinita misericórdia
e as bênçãos de seu amor.

PARA REFLETIR

Senhor, entrego-me em tuas mãos, sem limites e sem medidas, com uma infinita confiança, porque tu és meu Pai.

25
ORAÇÃO DE PROTEÇÃO

Senhor e Pai, neste mundo em que vivemos,
ninguém se sente seguro e totalmente protegido.
Há sentinelas por todos os lados: nos bancos,
nas escolas, nos hospitais, nas empresas...
cercas elétricas, altas muralhas, cães ferozes.
Os homens ricos andam com seus seguranças.
Há carros blindados, escoltas armadas,
armas nucleares, tanques de guerra,
grandes arsenais atômicos, aviões supersônicos...
Tudo em nome da proteção e da segurança.
Os grandes inimigos são os próprios homens.
A ameaça pode vir de todos os lados.
A violência atinge os grandes e os pequenos.
Os ricos se sentem ameaçados pelos pobres,
e os pobres sofrem na própria carne
as ameaças dos poderosos e dos gananciosos
em detrimento da vida e do planeta.
O homem tornou-se seu próprio inimigo,
o lobo voraz que devora a si mesmo.
Por isso te peço, Senhor meu Deus:
Guarda minha vida de toda essa insegurança.
Que somente em ti eu encontre proteção.
Em tuas mãos coloco minha vida,

porque acredito firmemente que não permitirás
que absolutamente nada me afaste de ti.
E que ninguém roube minha vida de tuas mãos.
Conserva-me, Senhor, na comunhão contigo.
Amém!

DEUS É TUA PROTEÇÃO

Levanto meus olhos para os montes:
de onde virá meu socorro?
Do Senhor é que me vem meu socorro,
do Senhor que fez o céu e a terra.
Ele não permitirá que teus pés vacilem,
e não dormirá aquele que te guarda.
Sim, não dorme nem cochila
aquele que é o guarda de Israel.
O Senhor te guarda sob sua sombra,
Ele está a tua direita.
De dia o sol não te ferirá
nem a lua durante a noite.
O Senhor te guardará de todo o mal,
Ele mesmo vai cuidar de tua vida!
Deus te guarda na partida e na chegada.
Ele te guarda desde agora e para sempre.

(Do Salmo 120)

BEBENDO NA FONTE

No mundo onde a violência cresce tanto
e a vida é constantemente ameaçada,
como sentir-se seguro?
Onde refugiar-se?
Como enfrentar todas as batalhas?
Ninguém pode vencer pelas próprias forças.
Ninguém subsiste estando só.
É preciso abandonar-se em Deus.
Não há outra mão que ampare tanto.
Ninguém pode proteger tanto nossa vida.
Só em Deus podemos encontrar a força
que nos permite ir além das tempestades,
carregar a cruz, suportar a dor,
acreditar na vida e viver o calvário humano
com certezas de ressurreição.
Só em Deus!

PARA REFLETIR

"Não temas nem te espantes, porque o Senhor teu Deus
é contigo, por onde quer que andes."

26

PRECE DE FILHO FELIZ

Ó Deus amado e eternamente bendito,
hoje elevo a ti a prece de um filho feliz,
que sabe reconhecer tua graça e proteção.
Ouço em mim os sussurros de minha alma,
que agora vai se tornando oração:
"Se o Senhor não estivesse de meu lado..."
As correntezas teriam me arrastado,
e eu, certamente, não teria conseguido resistir.
Minha cruz teria me esmagado
e minha fé teria desfalecido facilmente.
Meus pés teriam tropeçado
e eu não teria forças para levantar-me das quedas.
A doença teria consumido meu corpo,
e a sabedoria dos homens e sua ciência
de nada teriam valido para mim.
Se o Senhor não estivesse sempre a meu lado,
minha casa não estaria hoje de pé,
nem poderia resistir às chuvas e tempestades.
Sou feliz, Senhor, porque tenho tua proteção.
E é assim que desejo continuar vivendo,
confiando inteiramente em ti
e entregando, sem reservas, minha vida em tuas mãos.
Amém!

DEUS ESTÁ A NOSSO LADO

Se o Senhor não estivesse a nosso lado,
que o diga Israel neste momento;
se o Senhor não estivesse a nosso lado,
quando os homens investiram contra nós,
certamente nos teriam devorado
tal o furor de sua ira!
As águas nos teriam submergido,
as correntezas nos teriam arrastado
e as águas impetuosas teriam passado sobre nós.
Bendito seja o Senhor!
Ele não nos entregou como presas de seus dentes.
Fugimos vivos, como o pássaro foge
do laço que lhe arma o caçador;
a rede rompeu-se e nós escapamos.
Nosso auxílio está no nome do Senhor,
que fez o céu e a terra.

(Do Salmo 123)

BEBENDO NA FONTE

Se o Senhor não estivesse a teu lado,
a meu lado, a nosso lado,
o que poderíamos dizer?
É uma loucura alguém afirmar
que foi abandonado por Deus!
É louco quem abre os olhos a cada manhã
e não se dá conta de que é amado por Deus.
É insensato quem enfrenta a dor, a doença
e todas as formas de limitações humanas
pensando que conta apenas com as próprias forças.
Ninguém pode existir e resistir
sem a força da presença e da ação de Deus.
Estar vivo é a mais evidente prova
de que Deus não nos abandonou.
Subindo à mais alta das montanhas
ou descendo ao mais profundo dos abismos;
sofrendo a mais cruel de todas as dores,
ou experimentando a maior de todas as alegrias;
Deus está contigo, comigo, conosco!

PARA REFLETIR

Em lugar de orar "ó Deus, ajuda-me!", comece como o Rei Davi: "O Senhor é meu Pastor, nada me faltará" (Philips Broobs).

27
ORAÇÃO DAS BÊNÇÃOS

Ó Deus e Senhor de todas as bênçãos,
creio que teu coração amoroso e paterno
encontra a plena alegria em abençoar sempre
teus filhos e tuas filhas e todas as obras de tuas mãos.
Creio que tens as mãos constantemente repletas de
bênçãos para enriquecer
as almas que clamam por ti em oração.
Sem tuas bênçãos e sem teu amor,
ninguém pode tornar-se bom e forte na fé.
Não há ser humano que não necessite de ti.
Minha prece de hoje carrega este reconhecimento:
Eu preciso muito de ti, Senhor!
Não sei viver sem que teu olhar esteja voltado para mim.
Necessito de tuas bênçãos para experimentar a paz,
para ver na vida o que acontece em torno de mim,
os sinais de tua grandeza e de tua providência divina.
Que, ao ser tocado e agraciado por tuas bênçãos,
meu viver também se transforme em bênçãos
para todas as pessoas que a vida colocar perto de mim.
É o que te peço hoje em minha prece, Senhor!
Amém!

DEUS TEM BÊNÇÃOS PARA VOCÊ

Feliz és tu se temes ao Senhor
e andas em seus caminhos!
Comerás do trabalho de tuas mãos,
serás feliz e tudo irá bem!
Tua esposa será como uma vinha fecunda
na intimidade de teu lar;
teus filhos, rebentos de oliveira,
ao redor de tua mesa.
Essa é a bênção para o homem
que teme ao Senhor.
O Senhor te abençoe desde Sião
para que vejas prosperar Jerusalém
todos os dias de tua vida
e possas ver os filhos de teus filhos.
Paz sobre Israel!

(Do Salmo 127)

BEBENDO NA FONTE

A Palavra do Senhor é uma luz preciosa
para quem procura seus caminhos.
Ela carrega consigo promessas de felicidade.
Palavra rica de orientação,
para quem não desperdiça
as melhores forças da vida,
indo e vindo sem saber para onde,
entre becos e atalhos,
vítima de uma liberdade que escraviza
e faminto de uma felicidade que o mundo
não consegue oferecer.
Escuta! Onde andam teus passos?
Onde está teu coração?
Que sentido tem tua vida?

PARA REFLETIR

"Entrai pela porta estreita; porque a porta larga e o caminho espaçoso conduzem à perdição. Há muitos que entram por ele; mas a porta estreita e o caminho estreito conduzem à vida, e há poucos que o encontram" (Lc 13,24).

28
ORAÇÃO AO DEUS QUE É PAI

Ó Deus, meu querido Pai!
O Santo Livro nos diz que és mais Pai que juiz.
E foi assim que teu Filho Jesus nos revelou.
Não és o Deus vingativo, nem punidor,
nem ficas anotando nossos pecados e delitos,
para nos castigar duramente sem nenhuma piedade.
Jesus nos ensinou que no julgamento que fazeis
a misericórdia sempre acaba por triunfar.
Queres mais misericórdia que sacrifícios.
É assim que minha alma acredita em ti!
Se fosses mais juiz do que Pai,
que ser humano poderia subsistir?
Ninguém poderia permanecer em tua presença.
A humanidade já teria sido aniquilada.
Sei que desejas nosso esforço constante
como uma parcela de colaboração com tua graça.
Sei ainda que o desejo de teu coração de Pai
é que saibamos viver segundo teus critérios.
Que não sejamos juízes condenadores de ninguém,
e que a misericórdia com que nos julgas
seja nossa medida de uns para com os outros.
Ajuda-me, Senhor, a viver assim!
Amém!

DEUS É MAIS PAI QUE JUIZ

Das profundezas eu clamo a ti, Senhor:
ouve meu grito!
Abre teus ouvidos ao clamor de minha prece.
Se tomas nota de nossos pecados, Senhor,
quem poderá subsistir?
Mas em ti eu encontro o perdão
e assim posso continuar diante de ti.
Minha alma espera no Senhor,
espera em sua palavra e o aguarda,
mais que o vigia noturno anseia pela aurora.
Porque do Senhor me vem a graça,
o amor fiel e a copiosa redenção.

(Do Salmo 129)

BEBENDO NA FONTE

Quem de nós poderia subsistir,
se Deus fosse mais Juiz do que Pai?
Quem poderia encontrar justificação,
se Ele tomasse nota em seu livro
de todos os pecados que cometemos?
Mas Ele julga com misericórdia.
Nele podemos encontrar o perdão.
E, perdoados, podemos permanecer em sua presença.
O vigia noturno, mesmo em meio à noite,
sabe que a aurora chegará.
E ele, o vigia, a aguarda ansiosamente.
Mais que o vigia, esperemos nós, em Deus.
Apesar de nossas faltas, Ele nos ama com predileção.
Nossa volta a seus braços
e nosso pedido de perdão
são motivos suficientes para que haja festa no céu.
E haverá mais alegria no paraíso
por um só pecador que se arrepende,
do que por noventa e nove justos
que não precisam de penitência.
Nele podemos esperar!
Em sua palavra podemos confiar!

PARA REFLETIR

"Se Deus não perdoasse, o paraíso ficaria vazio" (Provérbio berbere).

29
ORAÇÃO DE INTIMIDADE

Senhor, minha alma se enche de alegria
ao saber que me conheces profundamente
e, apesar disso, não me negas teu amor.
Conheces todos os meus passos,
meu pensar e meu querer,
minhas necessidades e minhas angústias...
Nada de mim fica escondido a teu olhar.
No entanto, respeitas inteiramente minha liberdade.
Que seja sempre assim, meu Senhor!
Sonda-me em todos os momentos,
e que eu me conheça melhor na intimidade contigo.
Derrama teu amor em minha vida,
para que meu coração possa ser convertido.
E me ajude a transformar tudo aquilo
que não consigo com minhas frágeis forças.
Que minha alma seja revestida de tua luz
ao mergulhar na intimidade de teu Espírito.
Sim, Senhor, desejo isso de todo o meu coração!
Creio que habitas misteriosamente meu ser,
para que eu esteja sempre em tua presença.
Conserva-me, ó Pai, na graça dessa comunhão
que me deixa amparado, amado e feliz.
Amém!

DEUS TE CONHECE E TE AMA

Senhor, tu me sondas e me conheces.
Sabes quando me sento e quando me levanto.
Conheces todos os meus pensamentos;
meus caminhos todos são familiares a ti.
A palavra nem sequer chegou a minha boca
e tu já a conheces inteiramente.
Tu me envolves completamente,
e sobre mim colocas tua mão.
Para onde irei, longe de teu sopro?
Para onde fugirei, longe de tua presença?
Se subo ao céu, tu aí estás.
Se me prostro no abismo, aí te encontro.
Se levanto voo para as margens da aurora
ou se emigro para os confins do mar,
tuas mãos me alcançarão e me sustentarão.
Se eu digo: "Ao menos as trevas me cubram
e a luz se transforme em noite a meu redor",
mesmo as trevas não são trevas para ti
e a noite é clara como o dia.
Tu me formaste e me teceste no seio materno.
E eu te agradeço tão grande prodígio.
Que maravilha meu Senhor, sou eu!

(Do Salmo 138)

BEBENDO NA FONTE

De vez em quando, pare um pouco
para refletir sobre o mistério que é você!
Pare para reabastecer de luz sua alma
e reencontrar a paz perdida na agitação.
Você não é um robô executor de tarefas!
Você é filho de Deus
e tem direito à intimidade com Ele!
Pare! Dedique um tempo a você mesmo.
Procure conhecer-se melhor. Cative-se!
Saiba que Deus o conhece inteiramente
e, apesar de tudo, tem um imenso amor por você.
Ele o formou no seio materno e o trouxe à vida.
Perscruta seus pensamentos, seus sentimentos e desejos.
Sabe de seus sonhos e de seus projetos.
Não dá para brincar de esconde-esconde com Ele.
Ele o envolve completamente!
Nada do que se passe por dentro e fora de você
poderá ficar oculto a seus olhos,
porque Ele fez de você sua morada.
Procure-o na intimidade de si mesmo
e conheça-se melhor na intimidade com Ele.
Então você poderá rezar assim:
"Que maravilha, meu Senhor, sou eu!
Mas sei que não sou digno de tamanho amor!
Tudo é graça que me vem de ti!"

PARA REFLETIR

"O que há de mais divino em Deus é o sermos absolutamente nada fora dele" (T. de Chardin).

30
ORAÇÃO AO DEUS FIEL

Ó Deus amado e fiel,
preciso aprender com a fidelidade de teu amor.
Ser fiel não é a mais fácil das tarefas.
Ser fiel para sempre ou por toda a vida
é algo difícil para o ser humano.
"Para sempre" é um tempo demasiado longo,
que foge de seu curto horizonte.
Só o agora lhe pertence.
O amanhã está nas contas da esperança.
E o depois de amanhã é uma incógnita.
Há que se ter o coração mergulhado em ti,
para se descobrir que é possível ser fiel
e que a fidelidade é o passaporte para a felicidade.
Teu amor é fiel para sempre.
O amor humano pode ser fiel por algum tempo.
Apenas as pessoas que desposaram de verdade o amor
conseguem ser fiéis até o fim de seus dias.
E essas são as pessoas mais felizes.
Elas experimentam dentro de si a alegria que vem de ti.
Ajuda-me, Senhor, a crescer na graça da fidelidade,
desde as coisas menores e mais insignificantes
até às maiores causas que eu puder abraçar.
Fidelidade no amor e ao amor.

Fidelidade a minha família e a meus amigos.
Fidelidade à fé que abracei como dom do alto,
que me fortalece e ilumina toda a minha existência.
Dá-me, Senhor, a graça de um coração fiel!
Amém!

O SENHOR É FIEL PARA SEMPRE

Não coloquem a segurança nos poderosos,
não há homem que possa salvar!
Ao faltar-lhe o respiro,
volta ao pó da terra,
e nesse dia seus planos perecem.
Feliz é o homem que busca seu auxílio em Deus
e que põe no Senhor sua esperança.
O Senhor é fiel para sempre,
faz justiça aos que são oprimidos;
dá alimento aos famintos,
é o Senhor que liberta os cativos.
O Senhor abre os olhos aos cegos.
Endireita os encurvados.
Ama os justos.
Protege os estrangeiros.
Ampara a viúva e o órfão,
mas confunde o caminho dos maus.
O Senhor reinará para sempre!

(Do Salmo 145)

BEBENDO NA FONTE

Esperar em Deus!
Buscar nele o auxílio e a segurança
que os poderosos deste mundo não podem oferecer.
Acreditar em um Deus encarnado,
que é solidário com os oprimidos.
Que dá alimento aos famintos.
Que liberta os cativos.
Que abre os olhos dos cegos.
Que endireita os encurvados.
Que ampara o órfão e a viúva.
E que vê na prática da justiça
as condições de existência da paz.
Esse é nosso Deus!
Que Ele te abençoe e te guarde!
Te mostre sua face e se compadeça de ti.
Volva seu rosto para ti
e te dê a paz!
Amém!

PARA REFLETIR

"Deus, que é amor, te criou, não uma estátua sua, e sim uma imagem; alguém que tem de ir-se assemelhando a Ele" (Kalil Gibran).

ÍNDICE

Amigo Leitor 5

Lembre-se, meu amigo 6

1. Uma prece sem pressa 7

2. Uma prece da confiança 10

3. Oração da segurança 13

4. Oração para vencer as dúvidas 16

5. A oração do amor 19

6. Oração ao Bom Pastor 23

7. Prece da coragem 26

8. Oração da paz 30

9. Prece da vitória 33

10. Oração da bondade 36

11. Prece do perdão 39

12. Oração da esperança 42

13. Prece da justiça 45

14. Prece de gratidão 48

15. Oração de refúgio 51

16. Prece do abandono 54

17. Oração da sede saciada 58

18. Oração da fortaleza 61

19. Oração de súplica 64

20. Oração para aumentar a fé 67

21. Prece de confiança 71

22. Oração da maturidade 74

23. Oração do eterno amor 77

24. Oração da Vontade de Deus 80

25. Oração de proteção 83

26. Prece de filho feliz 86

27. Oração das bênçãos 89

28. Oração ao Deus que é Pai 92

29. Oração de intimidade 95

30. Oração ao Deus fiel 99

A marca FSC® é a garantia de que a madeira utilizada na fabricação do papel deste livro provém de florestas que foram gerenciadas de maneira ambientalmente correta, socialmente justa e economicamente viável.

Este livro foi composto com as famílias tipográficas Albertus e Segoe e impresso em papel Offset 70g/m² pela **Gráfica Santuário.**